"Ich habe 17 Jahre und 114 Tage gebraucht,
um über Nacht Erfolg zu haben"

Leo Andrés Messi

PAUL WILL WIE MESSI SEIN

Von

TANYA PREMINGER

Illustrationen

ELETTRA CUDIGNOTTO

Für Sean, meinen Sonnenschein und meine Inspiration.

Ausgabe 2/2021
www.sean-wants-to-be-messi.com

Inhalt

TANYA PREMINGER

13 - 5 = ?

Mama und Paul sitzen am Küchentisch und machen zusammen Pauls Mathe-Hausaufgaben.

13 - 5 = ?

Paul starrt auf die Zahlen in seinem zerfledderten Heft und denkt:

„Messi hat gestern einen Schuss gegen Real Madrid verpatzt!"

„Paul, dreizehn minus fünf? Wieviel ist das?" Mama tippt mit ihrem Finger auf die Seite im Buch, um Paul aus seinem Tagtraum zu wecken.

„Messi hat einen Schuss verpatzt! Unglaublich, oder?!", fragt Paul.

„Paul! Konzentrier dich. Das ist genug Fußball für den Moment."

„Aber wieso hat Messi aus sieben Metern Entfernung nicht das Tor getroffen?"

Mama greift nach dem Abakus, der auf dem Tisch liegt und stellt ihn direkt vor Paul hin.

„Dreizehn minus fünf! Antworte mir, bitte!“

„Mama, Messi ist trotzdem der beste Fußballer aller Zeiten!“

Mama fasst sich an die Stirn und seufzt. Bei diesem Tempo werden Pauls Hausaufgaben nie fertig!

Nachdenklich bewegt Paul fünf Perlen auf dem Abakus von links nach rechts, eine nach der anderen. Mama sieht erwartungsvoll zu.

„Fünf Spieler haben Messi bewacht, deshalb! Selbst Messi kann bei einer solchen Verteidigung nicht punkten!“, schließt Paul.

„Paul! Die Aufgabe!“, ermahnt ihn Mama ärgerlich.

„Mama, ich brauche Mathe nicht, ich bin zu dumm. Ich werde Fußballspieler.“ Paul lächelt glücklich und schaut verstohlen in den Spiegel an der gegenüberliegenden Wand. Er fährt sich mit der Hand durchs Haar und stellt sich vor, er würde in einem Fußballstadion vor laufenden Fernsehkameras stehen.

Mama schließt die Augen. Sie atmet tief durch.

„Du bist nicht dumm. Niemand kann schon von Geburt an alles. Übung macht den Meister. Genau wie man beim Fußball trainieren muss, muss man Mathematik üben.“

„Okay, okay“, sagt Paul ungeduldig. „Aber vergiss nicht, mich morgen beim Fußballverein anzumelden, ja?“

„Ja, Paul“, erwidert Mama lächelnd. „Hast du gar keine Angst? Du kennst dort niemanden.“

„Na und?“, antwortet Paul. „Das ist kein Problem!“

Erster Besuch auf dem Fußballplatz

„Paul, warum hast du mich den ganzen Weg hierhergeschleppt, wenn du nicht aus dem Auto steigen willst?“ Mama wendet sich Paul zu, der auf dem Rücksitz sitzt.

Sie parken in der Nähe des Eingangs zum Übungsplatz. Von hier kann man gut das emsige Treiben beobachten. Einige Eltern setzen ihre Kinder ab und fahren weg, andere begleiten sie hinein. Paul sieht in den bunten Vereinsfarben gekleidete Kinder jeden Alters an Mamas Auto vorbeilaufen, ihre Sporttaschen und Fußbälle tragen und sich auf dem Weg zum Training aufgeregt unterhalten. Ein Verkaufsstand verkauft Hot Dogs, Süßigkeiten und Eis an die Kinder, die gerade ihr Training beendet haben.

Paul beobachtet die Szene und spürt, wie sich sein Magen zusammenkrampft.

„Komm Paul. Raus aus dem Auto. Dein Training fängt an.“

„Nein“, murmelt Paul. „Ich möchte nach Hause.“

Obwohl er Mama gestern etwas anderes erzählt hat, hat er jetzt doch ein bisschen Angst.

„Ach komm! Jeder ist nervös, wenn er das erste Mal etwas Neues ausprobiert. Du musst keine Angst haben. Ich bin doch bei dir."

Mama hängt sich ihre Handtasche über eine Schulter und Pauls Sporttasche über die andere. Sie steigt aus dem Auto und öffnet ihm die Tür.

„Lass uns gehen!", sagt sie streng.

Paul weicht zurück, umklammert die Griffe seines Kindersitzes und jammert:

„Ich möchte ein anderes Mal wiederkommen."

„Wir kommen nicht ein andermal wieder!", schimpft Mama.

„Ich bin eine ganze Stunde gefahren, um dich hierher zu bringen! Reiß dich zusammen und komm, Paul. Du benimmst dich wie ein verwöhntes Baby!"

Mama packt Paul an der Hand und versucht, ihn aus dem Auto zu ziehen, aber er klammert sich mit aller Macht an den Kindersitz. Tränen beginnen, ihm über die Wangen zu laufen.

„Lass uns nach Hause gehen, Mama…!" Mama seufzt und schüttelt wütend den Kopf.

„Fein. Wir gehen nach Hause. Aber ich verschwende meine Zeit nicht mehr mit deinem Fußball!"

Messi oder Ronaldo?

Während der Mathestunde in der Schule sitzen die Kinder der zweiten Klasse ruhig an ihren Tischen, schreiben in ihre Hefte und üben Multiplikation, während die Lehrerin sie genau beobachtet.

4 x 8 =?

Paul starrt auf die Zahlen und versucht, sich zu konzentrieren.

Aber wieder wandern seine Gedanken abgelenkt zum Fußball.

Er blickt verstohlen auf sein Messi-Buch, das er unter seinem Tisch versteckt hat, dann auf seinen Fußball, der auf seinem üblichen Platz neben der Tür liegt.

Sofia, der Liebling der Lehrerin, nähert sich dem Lehrertisch, und gibt ihr ordentliches Arbeitsblatt ab - wie immer als Erste. Die Lehrerin begutachtet es.

L. MESSI
C. RONALDO

„Sehr gut, Sofia“, sagt sie. „Alles ist richtig.“

„Wer sonst ist fertig und will mir seine Ergebnisse zeigen?“, fragt die Lehrerin und blickt auf ihre Uhr. Überall in der Klasse stehen andere Schüler auf, um ihre fertigen Arbeitsblätter abzugeben.

Paul blickt auf sein leeres Arbeitsblatt. Dann lehnt er sich zu Elias hinüber, seinem besten Freund, der neben ihm sitzt, und flüstert: „Manchester United will Messi für 500 Millionen Euro von Barcelona kaufen! Kannst du das glauben?“

„Wen interessiert das?“, höhnt Elias. „Messi stinkt, Ronaldo beherrscht alles!“

„Ronaldo ist ein Verlierer!“, entfährt es Paul wütend. „Er trifft nicht mal ein leeres Tor!“

„Paul, ruhig!“, schimpft die Lehrerin. „Du störst alle! Ich möchte deine Stimme nicht mehr hören! Dies ist die erste und letzte Warnung.“

„Okay, okay“, murmelt Paul.

„Konzentriere dich auf dein Arbeitsblatt“, fährt die Lehrerin fort. „Du wirst wieder der Letzte sein, der seine Arbeit abgibt.“

Ich will meinen Ball zurück!

Vom Schulhof dringen fröhliche Stimmen. Der Spielplatz und das offene Feld sind erfüllt mit dem Lachen glücklicher Kinder. Endlich ist es Zeit für die Pause. Einige Kinder plaudern aufgeregt mit ihren Freunden, andere spielen auf den Spielgeräten. Die meisten Kinder toben auf dem offenen, grasbewachsenen Bereich jenseits der Schaukeln herum. Paul, Elias und sechs weitere Kinder der zweiten Klasse bestreiten ein heißes Fußballmatch.

Pauls Gesicht ist schon ganz rot, und seine Haare sind schweißnass, als er den Ball über das Feld dribbelt. Zwei Kinder aus dem gegnerischen Team blockieren seinen Weg. Paul spielt den Ball gekonnt zu Elias. Elias nimmt ihm an, läuft nach vorn und an einem Verteidiger vorbei, wird aber von einem anderen gestoppt.

“Elias! Ich bin frei!” schreit Paul. Er steht auf einer günstigen Position in der Nähe des Strafraums. Elias spielt ihm den Ball zu.

In diesem Moment stürmt Ben, ein Kind aus der sechsten Klasse, ungebeten auf das Feld. Er greift Paul aggressiv an, nimmt ihm den Ball ab und schießt ihn ins Netz. Er ruft: „Tooooooooor!”, und läuft los, um den Ball einzusammeln.

„Das ist unfair! Du störst, hau ab!“, ärgert sich Elias.

„Du spielst gar nicht mit!“, schreit Paul ihn an.

„Jetzt tue ich es“, sagt Ben und lässt den Ball zunächst auf dem einen Fuß tanzen, dann auf dem anderen. „Kommt! Versucht doch, mir den Ball wegzunehmen!“, neckt er. Paul geht nervös auf ihn zu.

Ben wartet, bis er näherkommt, dann täuscht er Paul gegenüber eine kurze Bewegung an, ändert die Richtung und weicht aus.

Paul versucht, den Ball zu erreichen, aber Ben hält ihn eine Armlänge zurück, dribbelt und schirmt den Ball von ihm ab. Er spielt den Ball direkt durch Pauls offene Beine hindurch und schnappt sich ihn hinter Pauls Rücken. Er grinst. Es ist so peinlich und demütigend! Paul unterdrückt mühsam seine Tränen.

„Das ist mein Ball. Gib ihn zurück!“, jammert Paul.

„Komm und hol ihn dir“, spottet Ben.

Plötzlich ertönt die Klingel und signalisiert das Ende der Pause. Ben hat immer noch den Ball. Als er vom Platz geht, befördert er ihn mit einem kräftigen Tritt über den Zaun und geht lachend in seine Klasse.

Paul läuft auf die andere Seite des Zauns, um nach seinem Ball zu suchen. Er weiß, dass er zu spät zum Unterricht kommen wird.

Gute-Nacht-Geschichte

An diesem Abend macht Paul in seinem Fußball-Schlafanzug im Wohnzimmer Sit-ups auf dem Sofa. Im Fernsehen läuft ein Fußballspiel und Paul beobachtet die Täuschungsmanöver, Tricks und Techniken der Spieler genau. Da kommt Papa ins Zimmer.

„Um Himmels willen. Schalte den Fernseher aus, Paul. Es ist Zeit, ins Bett zu gehen."

„Ich bin nicht müde! Das Spiel hat gerade angefangen!", jammert Paul.

„Ich sage es nicht noch einmal", antwortet Papa streng und sucht nach der Fernbedienung.

Paul hechtet nach der Fernbedienung, die unter einem chaotischen Haufen Fußball-Karten versteckt auf dem Tisch liegt, bekommt sie zu fassen und klemmt sie zwischen seinem Rücken und dem Sofa ein.

„Nur bis dieses Spiel zu Ende ist...", bettelt er. „Das ist Barca gegen Valencia..."

„Du hast morgen Schule", mischt sich Mama ein, als auch sie ins Wohnzimmer kommt. „Ab ins Bett mit dir!"

Papa schnappt sich die Fernbedienung, und Paul verzieht enttäuscht das Gesicht.

„Dann lies mir wenigstens eine Gute-Nacht-Geschichte vor! Ich will eine Gute-Nacht-Geschichte!", verlangt er.

Mama wirft Papa einen Blick zu und zuckt mit den Schultern.

„Na gut. Ich nehme an, dafür ist es noch nicht zu spät", lenkt sie ein.

Paul nickt ihr aufgeregt zu.

Er rennt nach oben ins Badezimmer, wo er sich das Gesicht wäscht und schnell die Zähne putzt. Dann hüpft er ins Bett und umklammert seinen Fußball. Mama sitzt auf einem Stuhl neben ihm und liest von ihrem Tablet vor.

Paul hüpft auf dem Bett und hört zu, dabei betrachtet er verträumt die Poster und Zeitungsausschnitte von Leo Messi, die die Wände bedecken. Mama liest: „Leo Messi, auch bekannt als „der Floh“, hat am Wochenende einen weiteren Meilenstein in seiner herausragenden Fußballkarriere erreicht, indem er sein 400. Tor in einem offiziellen Spiel für Barcelona erzielte... Hör auf, auf dem Bett zu hopsen, Paul! Ich lese nicht weiter, wenn du nicht damit aufhörst!“

„Lies weiter, Mama, ich höre zu“, versichert Paul ihr, während er weiter springt und immer noch seinen Fußball im Arm hält.

„Obwohl er erst 27 Jahre alt ist“, fährt Mama fort, „hat der phänomenale Stürmer schon...“, sie hält inne, als Pauls Kissen auf den Boden fliegt.

„Paul! Lass das! Ich lese nicht, wenn du nicht stillsitzen kannst.“

Mama schaltet ihr Tablet aus und steht auf, um aus dem Zimmer zu gehen.

Da setzt Paul sich endlich hin.

„Mama, ich habe gestern fünf Tore geschossen, als ich mit Papa im Park gespielt habe. Und ich schieße in der Schule jeden Tag mindestens drei Tore, wie viele Tore habe ich also während meiner Karriere bislang geschossen?“

Mama lächelt nur

„Siehst du? Wenn du in Mathe aufgepasst hättest, könntest du das jetzt selbst ausrechnen!“ Sie gibt Paul einen Kuss und macht das Licht aus.

Training mit Papa

Am Samstagabend spielen Papa und Paul im Park Fußball. Die Sonne geht hinter den Bäumen unter und Schatten tanzen auf ihren Gesichtern. Papa dribbelt auf das improvisierte Tor zu. Paul versucht sein Bestes, um ihm den Ball abzunehmen, aber er rutscht aus und Papa punktet.

„Tor!“, ruft Papa triumphierend. Dann beugt er sich nach vorn, stützt die Hände auf den Knien ab und schnappt nach Luft. „Noch zehn Minuten... dann gehen wir nach Hause...“, keucht er.

„Nein“, widerspricht Paul, „du musst mir eine Chance geben, zu gewinnen!“

„Dies ist das dritte Mal, dass wir diese Woche gespielt haben...“ Papa kommt wieder zu Atem. „Du musst anfangen, mit Kindern in deinem Alter zu spielen, wie die Kinder im Fußballverein. Warum wolltest du da nicht hingehen?“

Paul zuckt mit den Schultern.

„Papa, als du klein warst und im Verein Fußball gespielt hast, hast du dich da mal verletzt?“, fragt er nach einer Weile.

Papa mustert Paul genau. „Manchmal. Das gehört zum Spiel.“

„Hattest Du keine Angst?“

„Doch, natürlich. Aber so ist es nun mal, wenn man gut in einem Sport sein will. Es gibt immer Risiken.“

„Aber diese Kinder im Verein sind größer als ich“, sagt Paul.

Papa klopft ihm auf die Schulter. „Sie sind in deinem Alter. Sie sind nur größer. Und du solltest dich besser gleich daran gewöhnen: Es wird immer jemanden geben, der größer und besser ist als du. Aber wenn du mit besseren Spielern spielst, lernst du auch doppelt so viel."

Paul seufzt verzweifelt und starrt auf das Gras.

„Nicht die Körpergröße bestimmt, ob ein Spieler gut ist", fährt Papa fort. „Gute Spieler denken darüber nach, wie sie ihre Gegner überlisten können. Sie planen ihre Angriffe. Sie wenden verschiedene Kombinationen von Spielzügen an, und sie versuchen, das zu tun, was die anderen nicht erwarten. Gute Spieler schätzen eine Situation richtig ein und nutzen sie aus."

„Die Situation ausnutzen...", wiederholt Paul nachdenklich. „Macht Messi das auch?"

„Natürlich! Jeder gute Fußballer tut das."

Paul denkt immer noch darüber nach, als zwei jüngere Kinder von der anderen Seite des Feldes auf sie zukommen. Ihre Mutter folgt ihnen.

„Das ist Justin. Er ist mein Freund. Er wohnt bei uns um die Ecke", erklärt Paul Papa und zeigt auf das größere der beiden Kinder.

„Toll. Warum fragst du ihn nicht, ob er und seine Schwester Fußball spielen wollen?" Papa beugt sich nach hinten und streckt seinen Rücken, dann zieht er sein Handy aus der Tasche. „Ich setze mich in der Nähe ein bisschen hin", sagt er.

„Die sind zu klein. Die wissen nicht, wie man Fußball spielt", antwortet Paul.

Die Kinder nähern sich zögernd. Ihre Mutter beobachtet sie von einer Sitzbank aus.

„Hallo, wollt ihr Fußball spielen?", fragt Papa die Kinder. Sie nicken.

„Na los, Paul. Bring ihnen alles bei, was du weißt. Ich wette, du gibst einen großartigen Trainer ab." Papa wischt mit dem Finger über den Handybildschirm, um es einzuschalten.

„Okay, Papa, du wartest hier. Aber du musst mir zuschauen, also spiel bitte nicht mit deinem Telefon herum!"

Zweiter Besuch auf dem Fußballplatz

„Na los, fahrt schon! Mami, schnell! Wir dürfen nicht zu spät kommen."

Mama und Paul sind wieder auf dem Weg zum Fußballtraining und kämpfen sich durch den Feierabendverkehr.

„Die Ampel ist grün. Nun macht schon!", fleht Mama die Autos in der Schlange vor ihnen an, während sie sich langsam über die Kreuzung bewegen. Paul sitzt hinten und kaut nervös an seinen Nägeln.

Endlich erreichen sie den Fußballplatz. Es herrscht viel Betrieb und sie brauchen eine Weile, bis sie einen freien Parkplatz finden.

„Okay, da sind wir!", erklärt Mama erleichtert. „Schnell, steig aus. Wir haben nur noch ein paar Minuten."

Mama stellt den Motor ab, greift rasch ihre Tasche und steigt aus. Paul schnallt sich ab, öffnet die Tür und betrachtet das hektische Treiben. Er erstarrt.

„Na los!", treibt Mama ihn an, „Wir müssen uns beeilen."

Paul klettert aus dem Auto. Gemächlich langt er nach seiner Sporttasche und hängt sie über seine Schulter. Er zögert und rückt den Gurt der Tasche auf seiner Schulter zurecht. Dann dreht er sich zu Mama um, doch er rührt sich nicht von der Stelle.

„Lass uns gehen!" Mama fasst seine Hand und zieht ihn hinter sich her.

Paul folgt widerwillig.

Nach ein paar Schritten wird er langsamer und zieht an Mamas Hand, so dass sie stehenbleiben.

„Was ist, Paul?"

„Mami, ich will jetzt nicht zum Training gehen", flüstert er ängstlich.

„Was? Nein, Paul, komm, nicht schon wieder."

Paul macht einen Schritt zurück und weicht ihrem Blick aus.

„Paul, Pauli, sieh mich an." Mama streicht ihm über seine Wange. „Du bist so ein kluger Junge. Wovor hast du Angst? Du bist stark, talentiert, du spielst richtig gut Fußball... Ich verstehe dich nicht. Hilf mir, dich zu verstehen."

Paul antwortet nicht. Panik erfüllt seinen Blick.

Es klingelt dreimal hintereinander. Das bedeutet, dass die vorherige Trainingseinheit beendet ist und die Neuangekommenen auf das Spielfeld kommen können. Mama beugt sich zu Paul herunter, damit sie ihm in die Augen schauen kann.

„Versuch es nur einmal und wenn es zu schwer ist, kannst du aufhören, okay?"

Paul schüttelt den Kopf und starrt auf seine Füße.

„Dies ist dein Traum, du willst doch Fußball spielen", erinnert Mama ihn, „Komm schon, du schaffst das. Lass uns zusammen hineingehen, okay?"

Paul lässt den Kopf hängen und zuckt mit den Schultern, während seine Unterlippe zu beben beginnt.

„Mama, bitte, können wir nicht ein andermal wiederkommen?"

„Nein! Können wir nicht! Ich musste extra meinen Chef darum bitten, früher gehen zu dürfen, damit wir rechtzeitig hier sind! Entweder jetzt oder nie! Ich verliere langsam die Geduld!"

„Mami... bitte."

„Versuch es wenigstens, Paul. Bitte. Ich weiß nicht, was ich noch sagen soll! Wirklich nicht."

„Ein andermal...lass uns ein andermal herkommen...", murmelt Paul, während er zurück zum Auto geht.

„Nein!", explodiert Mama schließlich und folgt ihm. „Ich mache das hier nicht noch einmal! Ich komme nicht noch einmal her! Nie wieder!"

Wie man eine Situation ausnutzt

Auf dem Trainingsplatz herrscht ein buntes Treiben. Der Kunstrasen glänzt im Licht der mächtigen Scheinwerfer. Kinder unterschiedlichen Alters trainieren in Gruppen Fußball. Aufregung liegt in der Luft.

Pauls Altersgruppe bereitet sich auf ein anstehendes Spiel vor und läuft sich bereits warm. Ihr Trainer stellt kleine, orangefarbene Plastikkegel auf den Kunstrasen, um das Feld und die Tore zu markieren. Er zählt die Kinder in jeder Mannschaft und bemerkt, dass ihm ein Spieler fehlt. Er schaut sich um.

Paul steht in sicherer Entfernung hinter dem großen, tragbaren Metalltor. Er trägt die Vereinskleidung: hohe Socken und Schienbeinschützer und brandneue, bunte Fußballschuhe. Er hat sogar Gel im Haar, im Neymar-Stil. Mama steht neben ihm und hält seine neue Sporttasche.

Der Trainer ruft in Pauls Richtung: „Hey, Neuer! Bist du hier, um zu spielen?“

Paul antwortet nicht. Er kehrt ihm den Rücken zu und schaut panisch auf Mama.

„Geh und spiel, Paul“, fordert Mama ihn auf. Paul schüttelt den Kopf in ängstlicher Verweigerung.

Der Trainer wendet sich an Paul. „Wie heißt du, Junge? Komm, uns fehlt ein Spieler."

Die anderen Kinder warten, alle Augen sind auf Paul gerichtet, aber Paul senkt seinen Blick und klammert sich an Mama.

„Sein Name ist Paul", antwortet Mama. „Geh, Paul, spiel mit!" Sie gibt ihm einen sanften Schubs in Richtung der Gruppe.

Paul wehrt sich und weicht ihr aus. Er klammert sich am Pfosten des Tores fest. Mama hebt ihre Hände in einer hilflosen Geste.

„Okay, er kann später dazukommen." Der Trainer zuckt mit den Schultern und wendet sich den Mannschaften zu. Er geht zurück zum Feld und schießt den Ball im hohen Bogen auf das Spielfeld, um das Spiel zu eröffnen. Mama und Paul beobachten, wie die Kinder kämpfen, um in Ballbesitz zu kommen und einen Angriff zu starten.

„Paul, ich weiß nicht, warum ich für dieses Training bezahle, wenn du nicht mitmachst!", schimpft Mama genervt.

Paul schweigt.

„Du musst deine Angst überwinden, Paul. Ich bin doch bei dir. Was ist denn so beängstigend?"

„Mir geht es nicht gut." Paul wischt sich eine Träne aus dem Auge.

Lauter Jubel hallt über das Feld, als eine Gruppe ein Tor schießt.

„Paul", fleht Mama, „ich weiß, dass es schwer ist, aber jeder hat manchmal Angst. Auch Erwachsene. Der Schlüssel liegt darin, die Angst zu überwinden."

„Ich möchte nach Hause." Jetzt laufen Paul die Tränen über die Wangen.

„Wenn du es nicht versuchst, wirst du nie wie Messi werden!"

Mama schaut Paul enttäuscht in die Augen.

„Ich will auch gar nicht wie Messi sein“, murmelt Paul kleinlaut und scharrt mit seinen Fußball-Stollen über den Boden.

Erneut erklingen aufgeregte Schreie, als ein Junge es schafft, durch die Verteidigung zu brechen und sich auf das gegnerische Tor zuzubewegen. Gerade als die Situation für das andere Team aussichtslos erscheint, stürmt ein großer Junge mit einem Mohikaner-Haarschnitt auf den anderen Jungen zu und grätscht in ihn hinein. Der Junge verliert das Gleichgewicht, fällt hin und schrammt sich ordentlich die Knie auf. Der Trainer läuft auf das Feld und stoppt das Spiel.

Alle laufen zusammen, um die Situation zu beurteilen. Der verletzte Junge heult vor Schmerz.

„Foul! Foulspiel!“, schreit er. „Er ist in mich reingegrätscht!“

Mama schaut Paul an. „Paul! Das ist deine Chance. Jetzt kannst du mitspielen!“

„Ich will nicht spielen“, widersetzt sich Paul und verschränkt die Arme.

Der Trainer beruhigt den verletzten Jungen und hilft ihm vom Feld. „Hey, Paul, willst du jetzt reinkommen?“, ruft er.

Paul antwortet nicht. Er schmollt und zuckt mit den Schultern.

„Ich kaufe dir eine Packung Fußballkarten, wenn du gehst und mitspielst“, versucht Mama verzweifelt, ihn zu überreden.

Paul unterdrückt seine Tränen und wischt mit dem Ärmel über sein Gesicht.

„Die mit den Hologrammen...“, fügt Mama hinzu.

Paul überlegt eine weitere Sekunde lang. „Zwei Packungen“, sagt er.

Mama zieht die Augenbrauen hoch und seufzt.

„Einverstanden.“

Paul rennt ängstlich auf das Feld. Er spürt, wie sein Magen sich vor Angst verkrampft.

„Los, Paul!“, feuert der Trainer ihn an.

Die Spieler stellen sich in der Mitte des Feldes auf, und der Trainer spielt ihnen den Ball im hohen Boden zu. Während die anderen Kinder dem Ball hinterherlaufen und verzweifelt versuchen, ihn sich gegenseitig wegzunehmen, hält sich Paul abseits. Er steht ein Stück von der Gruppe entfernt und bewegt sich gelegentlich auf den gegnerischen Teil des Feldes und wieder zurück. Die anderen Kinder spielen nur selten Pässe.

Jeder Spieler, der in Ballbesitz kommt, versucht, selbst ein Tor zu schießen. Paul wird von seinen Teamkameraden gar nicht beachtet.

In den nächsten zehn Minuten erzielt das gegnerische Team zwei Tore. Paul hat den Ball noch nicht einmal berührt.

Er steht an der Ecke des Spielfeldes und beobachtet Mama schuldbewusst.

Da bekommt der Kapitän von Pauls Team den Ball und bricht in den Strafraum der gegnerischen Mannschaft ein. Alle Verteidiger umringen ihn, so dass er keine freie Sicht auf das Tor hat. Als er einsieht, dass er den Ball verlieren wird, spielt er den Ball schnell zu Paul, der frei steht, weit weg von allen. Überrascht nimmt Paul den Ball an und dribbelt mit ihm in Richtung Tor. Als der Torwart auf ihn zuläuft, schießt Paul den Ball schnell an seiner linken Seite vorbei. Der Ball fliegt ins Netz.

Es ist ein Tor!

„Tooooooooooooor! Hurra!“, jubelt Mama. „Weiter so, Paul!“, ermutigt ihn der Trainer.

Pauls Teamkameraden umringen ihn, drücken ihn und klatschen ihn ab. Paul lächelt schüchtern und schaut hinüber zu Mama.

Während des restlichen Spiels verfolgt Paul die gleiche Taktik. Als der Trainer das Spiel abpfeift, hat Paul noch zwei weitere Tore erzielt. Die Spieler zerstreuen sich und Paul läuft freudestrahlend zu Mama.

„Mama, hast du mich punkten sehen? Ich habe drei Tore gemacht!“, jubelt er. „Und ich habe die Situation ausgenutzt!“

10

Spagetti Bolognese

Paul und Mama kommen vom Training nach Hause. Sie betreten die Wohnung und hängen ihre Taschen im Flur auf.

„Jemand zu Hause?", ruft Paul aufgeregt.

„Willkommen! Ich bin hier!", ist Papas Stimme aus der Küche zu hören.

„Oh, du bis zu Hause!", ruft Mama.

„Ja", begrüßt Papa sie, „Ich bin früher von der Arbeit gekommen und habe Pauls Lieblingsessen gekocht. Wie war das Training?"

„Ich habe gespielt! Ich habe drei Tore geschossen!", verkündet Paul stolz.

„Juhu!" Papa läuft zu ihm, hebt ihn hoch und wirbelt ihn durch die Luft. „Wow! Das ist super! Die ersten Tore deiner Karriere."

Paul lacht fröhlich.

Papa stellt Paul auf den Boden, „Komm, lass uns essen, Champion, dann kannst du mir alles über das Spiel erzählen."

Während sie zum Esstisch gehen, kann sich Paul nicht zurückhalten. „Ich stand auf der linken Seite, etwa in der Mitte vom Feld", rekapituliert Paul aufgeregt, „ich bekam den Ball, ich bin gerannt, der Torwart ist auf mich zugestürmt, aber ich habe den Ball an ihm vorbeigeschossen!"

„Das war großartig", lobt Mama.

„Ich bin stolz auf dich, mein Sohn! Ich bin so stolz auf dich!"

„Und das zweite Tor?"

„Beim zweiten Mal habe ich den Ball selbst genommen und bin den ganzen Weg gedribbelt!", strahlt Paul.

„Das ist mein Sohn! Siehst du - unser ganzes Training hat sich ausgezahlt. Weißt du, dass ich diesen Superstar trainiert habe, Mama?“ Papa klopft sich scherzhaft auf die Brust.

Paul lacht. „Und das dritte Tor: da habe ich einen guten Pass bekommen und ihn einfach reingeschossen.“

„Ich wusste, dass du großartig sein würdest, sobald du es versuchst. Ich wusste es einfach! Wie hast du endlich den Mut zum Spielen gefunden?“, fragt Papa.

Paul sieht Mami schuldbewusst an.

„Was?“, fragt Papa.

„Nun”, erklärt Mama, „er hat einen Weg gefunden, seine Angst zu besiegen.”

„Ich wusste, dass du das schaffst. Ich wusste es!” Papa klopft Paul auf die Schulter. „Gut gemacht!”

Paul windet sich unbehaglich.

„Na dann, lasst uns feiern!”, ruft Papa. „Wascht euch die Hände und dann essen wir meine berühmten Spagetti Bolognese, bevor sie kalt werden.”

Mama und Paul gehen ins Badezimmer.

Paul steht am Waschbecken und wäscht gedankenversunken seine Hände. Er schaut Mama im Spiegel an.

„Mami”, beginnt Paul zögerlich, „ich habe mich ganz fest darauf konzentriert, meine neuen Karten zu bekommen. Das hat mich von meiner Angst abgelenkt.”

„Ehrlich? Das ist interessant.”

„Aber jetzt habe ich keine Angst mehr”, fährt Paul fort, „du musst mir keine Karten mehr kaufen.”

„Wirklich? Bist du sicher?"

„Ja, bin ich."

Ein breites Lächeln erscheint auf Mamas Gesicht. Sie umarmt Paul von hinten und küsst die Rückseite seines Kopfes.

„Du hattest einen großen Tag heute, mein Schatz. Ich bin sehr stolz auf dich und ich kaufe dir die Karten gern."

„Okay", grinst Paul „Lass uns essen gehen. Ich bin am Verhungern.

Ein Haus in Bayern-München

Am nächsten Abend sitzen Paul und Mama mit Pauls Mathe-Arbeitsblatt am Küchentisch. Paul trägt eines seiner Messi-Trikots mit der Nummer 10, hohe Socken und Stollen. Seine neuen Fußball-Hologrammkarten sind daneben auf dem Tisch verteilt.

„Nun, Paul, 80-67= , wie viel?“, fragt Mama.

„Mama“, unterbricht Paul, „wie lange muss ein Profifußballer auf dem Feld stehen, um das nötige Geld für ein Haus zu verdienen?“

„Hmm, das hängt vom Haus ab“, lächelt Mama. „Und vom Spieler, wie viel er in jeder Saison verdient.“

Paul denkt einen Moment nach.

„Sagen wir mal, ein Spieler verdient 50 Millionen Euro in einer Saison“, sagt er nachdenklich. „Nach fünf Spielzeiten hätte er 250 Millionen. Reicht das für ein Haus?“

„Ich glaube schon.“

„Wenn ich er wäre, würde ich ein Haus in Barcelona kaufen, eins in Brasilien und ein Haus in Bayern-München nur für dich, Mama."

„Das ist eine großartige Idee", freut sich Mama. „Hast du bemerkt, dass du gerade ein kompliziertes, mathematisches Problem gelöst hast? Klatsch ein!"

„Das ist dreizehn", ruft Paul plötzlich und lacht.

„Was ist dreizehn?", wundert sich Mama.

„Die Antwort auf deine Frage: 80 – 67 ist 13."

„Das stimmt!", freut sich Mama, „Sieht so aus, als ob du wieder gepunktet hast!"

PAUL 53 Tore
NEYMAR 32 Tore
MESSI 49 Tore

ENDE VON BAND 1

Vielen Dank, dass Sie mein Buch gelesen haben. Ich hoffe es hat Ihnen gefallen.
Weil eine große Anzahl an Bewertungen - sowohl gute als auch schlechte – sehr wichtig für den Erfolg eines Buches sein kann, wäre ich für eine Bewertung meines Buches bei Amazon dankbar.

Bücher in dieser Serie:

1. Paul will wie Messi sein
2. Paul reist nach Barcelona
3. Paul Stürmt nach London

Erfahren Sie auf meiner Internetseite mehr über meine Bücher und besuchen Sie auch meinen Online-Shop **SW10**.

sean-wants-to-be-messi.com

Printed in Poland
by Amazon Fulfillment
Poland Sp. z o.o., Wrocław

83713979R00028